tanien auf die Erde. Bei uns finden wir in der freien Natur vor allem zwei Arten: die Ross- und die Edelkastanie. Im Deutschen tragen sie (fast) denselben Namen - und doch gehören sie zu zwei völlig unterschiedlichen Baumfamilien. Denn die für den Menschen giftige Rosskastanie (lat. *Aesculus hippocastanum*) gehört zur Gruppe der Seifenbaumgewächse, die Ess- oder auch Edelkastanie (lat. *Castanea Sativa*) zu den Buchengewächsen.

Es gibt mehrere hundert Esskastanien-Sorten, die abhängig vom regionalen Klima, auf oft nur kleinen Flächen, angebaut werden. Allein in Frankreich sind über 700 Sorten registriert.

ESSKASTANIEN

von
Anja Stiller

Trotz gewissenhafter Bearbeitung kann eine Haftung für den Inhalt nicht übernommen werden. Für aktuelle Ergänzungen und Anregungen ist der Verlag jederzeit dankbar.
Wir bedanken uns bei allen, die uns unterstützt haben.

Impressum

Gerichtsweg 28, 04103 Leipzig
Tel.: 0341 / 493574-0, Fax: 0341 / 493574-40
www.buchverlag-leipzig.de

Bildnachweis: Seite 128
Gestaltung und Satz: Christiane Dunkel-Koberg, Lübeck
Druck: Druckhaus Gera
Bindearbeiten: Müller Buchbinderei GmbH, Leipzig
Printed in Germany

1. Auflage 2023
ISBN 978-3-89798-663-3

Die Natur schenkt uns
die Kastanien,
unter anderem zum Rösten.
Aus dem Feuer holen
müssen wir sie dann
schon selbst.

Willy Meurer
(Publizist, 1934–2018)

Inhalt

Kastanien überall ...

Wenn es kühler wird, findet man sie überall in der Natur. Zu Dutzenden liegen sie am Boden, so als warteten sie nur darauf, eingesammelt und als Vorboten der kalten Jahreszeit mit nach Hause genommen zu werden. Die Kastanien.

Und dann?

Dann kommen sie genau hier, im Haus, zum Einsatz. Je nach Sorte eignen sie sich als wunderschöne Deko oder als natürlicher Insektenschutz. Und nicht nur das: Die Kastanie, in diesem Fall die Esskastanie, kommt auch in der Küche zu hohen Ehren. Nicht zu vergessen die Weihnachtsmärkte. So eine kleine Papiertüte voller gerösteter Kastanien kann sich durchaus als rettender Handwärmer bei eisigen Temperaturen erweisen.

Mindestens genauso gut kann man sich Finger und Zunge allerdings auch an den Früchten verbrennen. Ob das geschieht, hängt von verschiedenen Umständen ab, bei denen die Dicke der Handschuhe und die Geduld beim Schälen und Essen keine ganz unerhebliche Rolle spielen.

Kastanien sind etwas ganz Wunderbares: vielseitig verwendbar in der Naturheilkunde wie auch zur Dekoration und nicht zuletzt in der Küche als kulinarische Köstlichkeit. Machen wir uns also auf in die Welt der Kastanien.

Rosskastanie – Edelkastanie – Maroni

Natürlich kennen Sie Kastanien. Das sind diese harten, braunen, kugelförmigen Früchte, die man im Herbst vom Boden aufklauben kann. Aber wussten Sie schon, dass Kastanie nicht gleich Kastanie ist? Darum beginnen wir unsere Geschichte über die hübsche Herbstfrucht mit einem entscheidenden Unterschied, dem zwischen der **Ross-** und der **Ess- bzw. Edelkastanie**.

Um mit dem Wichtigsten anzufangen: Die einen sollte man auf keinen Fall essen, die anderen sind eine Delikatesse.

Wenn die Blätter der Bäume im Herbst fallen, dann fallen mit ihnen auch die Kas-

Rosskastanie

Unterscheidungsmerkmale

Blätter

- Rosskastanienblätter bestehen aus fünf kleinen Einzelblättern.
- Edelkastanienblätter hängen einzeln an den Ästen und haben zudem kleine, spitze Stacheln am Rand.

Blüte

- Markante, aufrechte Blütenkerzen zeichnen die Rosskastanie aus.
- Die Blüten der Esskastanie sind eher unscheinbar, ähneln denen von Weidenkätzchen.

Früchte und Hülle

- Die oft kugeligen Kapselfrüchte der Rosskastanie stecken in einer Frucht-hülle mit kurzen, harten Stacheln.

- Die Esskastanienhülle hat viele lange, weiche Stacheln. Darin liegen die eher flachen Nussfrüchte mit haariger Spitze und Narbenästen.

Rosskastanien sind eine schöne Nahrung für Rehe, Hirsche oder Wildschweine. Wir Menschen sollten lieber auf deren Genuss verzichten. Rosskastanien sind zwar nicht hochgiftig, können aber zu Übelkeit, Erbrechen und Durchfall führen. Sollten Sie (oder Ihre Kinder) aus Versehen welche erwischt haben, wenden Sie sich bitte an Ihren Arzt.

Rosskastanien sind jedoch auf andere Art nützlich. Sie strömen nämlich einen Geruch aus, den wir Menschen nicht bemerken, wohl aber Spinnen, und die mögen ihn überhaupt nicht. Wer also Spinnen aus Haus oder Wohnung fernhalten möchte, legt einfach Rosskastanien aus. Um die Wirkung noch zu verstärken, zerklopft man die Früchte ein bisschen mit dem Hammer.

Darum: Im Herbst fleißig Kastanien sammeln und gut aufbewahren, damit man eine ordentliche Reserve für den Winter hat. Denn man sollte sie einmal im Monat austauschen, da sie an Geruch verlieren.

Ess- oder Edelkastanien muss man nicht unbedingt sammeln, sondern kann sie auch einfach im Supermarkt kaufen, entweder als rohe Früchte oder, portionsweise verpackt, bereits vorgegart.

Die **Marone** beziehungsweise im Plural: **Maroni** sind eine bestimmte Zucht der Edelkastanie. Maroni sind in der Regel etwas größer als Esskastanien und sie schmecken auch ein bisschen intensiver.

Sollten Sie die Maroni unter einem anderen Namen kennen, ist das nicht weiter verwunderlich: Im italienischen Teil von Italien heißen sie »marroni«, in Frankreich »marrons«, in Südtirol sagt man »Keschtn« und in der Pfalz sind es »Keschde«. Die Bezeichnung »Maroni« ist in Österreich üblich, und mit diesem Namen werden sie in diesem Buch auch vorwiegend bezeichnet.

Wenn in den Rezepten von »Maroni« die Rede ist, können Sie allerdings genauso gut Esskastanien verwenden, je nachdem, welche Sorte in Ihrer Region unter welchem Namen im Handel angeboten wird.

Seite 18/19: Lauter süße Köstlichkeiten

Waldviertler
Mohnkuchen
3,70
ACG

staler
stangerl
3.50
Steirischer
Maroni
Kuchen
Zimt-Sterne

Herkunft und mehr

Man vermutet, dass die Edelkastanie aus dem kaukasisch-armenischen Raum stammt. Von hier aus ist sie im 5. Jahrhundert vor Christus zuerst nach Kleinasien und weiter nach Griechenland gelangt, bevor sie schließlich im gesamten Mittelmeerraum heimisch wurde.

Bei ihren Eroberungszügen brachten sie dann die Römer auf die andere Seite der Alpen, so dass Edelkastanien nun auch in Österreich, Deutschland und der Schweiz zu finden sind.

Kastanienbäume lieben Wärme, und nicht nur das: Sie sind sogar ausgesprochen hitzebeständig und kommen auch mit Trockenheit recht gut zurecht. Deshalb findet man sie vorwiegend in Südeuropa, an warmen Standorten wachsen sie aber auch auf der anderen Seite der Alpen sehr gut. Kastanienbäume tragen nicht nur die schmackhaften Früchte, sie sehen mit ihrer ausladenden Krone auch sehr hübsch aus. Und wenn sich das Laub ihrer Bäume im Herbst goldbraun färbt, dann entlassen sie auch ihre Früchte in die Freiheit. Bis es im Oktober / November so weit ist, reifen etwa zwei bis drei Nüsse gut geschützt gemeinsam in einer 5 bis 6 (manchmal auch 10) cm breiten, stacheligen Hülle. Bei den Maroni wächst oft nur eine einzelne, dafür aber größere Frucht in der Hülle.

Auf der Südseite der Alpen kennt man mehr als 100 verschiedene Sorten der Esskastanie. Ein Baum kann dabei bis zu 20 oder 30 Meter hoch werden, der Stamm hat normalerweise einen Durchmesser zwischen einem bis drei Metern. Die Bäume können mit einer Lebensdauer

von 400 bis 600 Jahren sehr alt werden. Einzelne Exemplare bringen es sogar auf 1000 Jahre.

Zur Verbreitung der Kastanienbäume tragen unter anderem Eichhörnchen, Mäuse oder auch Krähen bei: Sie machen im Herbst reichlich Beute und verstecken sie dann. Oft genug allerdings so gut, dass sie sie später selber nicht mehr wiederfinden. Die liegengebliebenen Nüsse keimen im nächsten Frühjahr – ein neuer Kastanienbaum entsteht.

Seite 22/23: Ein Wanderweg in Südtirol gesäumt von Esskastanien

Schon gewusst?

Aus Esskastanien lässt sich auch ein sehr geschmacksintensiver, dunkler Honig gewinnen. Ganz billig ist er jedoch nicht.

Sogar in Dänemark und Südschweden wachsen Kastanienbäume. Allerdings (bisher) meist, ohne dass die Früchte hier reifen können. Gut möglich aber, dass im Verlauf der Klimaerwärmung auch die Reifung noch in den nördlichen Ländern Einzug hält. Ob man darin einen Gewinn sehen kann, sei angesichts der menschengemachten Ursache dahingestellt.

Die Esskastanie diente früher vor allem in entlegenen Bergregionen Südeuropas als Grundnahrungsmittel. Was heute als Delikatesse gilt, war damals das »Brot der Armen«. Auf jedes Familienmitglied kamen ca. 150 bis 200 kg Kastanien, das entspricht in etwa dem jährlichen Ertrag eines Baumes. Das Mehl der Frucht ist zudem dazu geeignet, um daraus Brot (und auch Kuchen) zu backen, womit sich Ausfälle bei der Getreideernte recht gut ausgleichen ließen. Erst im 19. Jahrhundert verlor die Kastanie in der Küche immer mehr an Bedeutung, gezwungenermaßen: Schuld daran waren zum einen Pilze, die Krankheiten wie die »Tintenkrankheit« und etwas später den »Kastanienrindenkrebs« mit sich brachten. Vor allem aber trat allmählich eine andere Frucht ihren Siegeszug an: die Kartoffel.

Auf den preußischen Staatsmann Otto von Bismarck geht die Redensart zurück, für einen anderen »die Kastanien aus dem Feuer« zu holen. Das heißt so viel wie, dass man an seiner Stelle eine unangenehme bis gefährliche Aufgabe übernimmt.

Maroni – gesund und nützlich

Haben Sie schon einmal eine ganze Tüte Maroni auf einmal gegessen? Dann wissen Sie ja, wie gut diese kleinen, braunen Früchte sättigen. Man sagt, 100 Gramm Maroni können eine vollwertige Mahlzeit ersetzen. Und das nicht nur, weil diese verhältnismäßig kleine Menge bereits 220 Kalorien hat, sondern auch wegen der vielen wertvollen Inhaltsstoffe.

Übrigens: Maroni eignen sich hervorragend für Menschen mit Zöliakie, also Glutenunverträglichkeit. Denn sie enthalten kein Gluten.

Was steckt in Maroni?

Maroni sind sehr gesund. Sie punkten mit einem hohen Gehalt an Mineralstoffen (Kalium, Calcium, Magnesium, Phosphor, Eisen) und sie enthalten 27 mg Vitamin C, einige wichtige B-Vitamine und Vitamin E. Ihr Anteil an Kohlenhydraten ist recht hoch, dafür sind sie fettarm. Die genaue Zusammensetzung ihrer Nährwerte sieht folgendermaßen aus (pro 100 g):

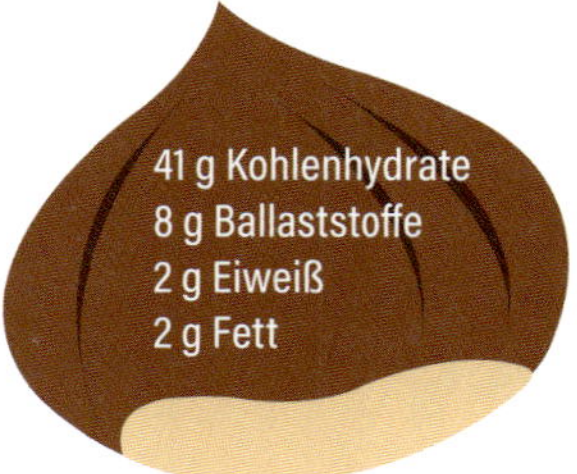

Maroni enthalten viele komplexe Kohlenhydrate, das heißt, dass sie den Blutzuckerspiegel nur langsam ansteigen lassen und damit länger sättigen.

Empfehlenswert sind Maroni außerdem, weil ...

- sie viel Energie liefern,
- sie den (guten) Darmbakterien als Nahrung dienen,
- sie das Bindegewebe straff halten,
- sie Knochen und Zähne stärken,
- sie das Immun-System unterstützen,
- sie die Nerven stärken,
- sie helfen zu entspannen.
- sie den Säure-Basen-Haushalt ausgleichen und
- sie schlicht und einfach sehr gut schmecken.

Und noch eine wichtige Info: So gesund Maroni auch sind, so ungenießbar sind sie im Rohzustand. Man trägt zwar keinen Schaden davon, wenn man sie roh isst, besonders bekömmlich sind sie allerdings auch nicht. Sollen sie leicht verdaulich sein, dann muss man Maroni immer in der Pfanne oder im Ofen rösten - oder sie gleich abgepackt und verzehrfertig kaufen.

Natürliches Heilmittel

Nicht nur zum Essen oder - im Winter in der Papiertüte - als Handwärmer sind Maroni wunderbar geeignet. Sie sind zwar in der Heilkunde inzwischen nicht mehr allzu verbreitet, als Tee gelten die Blätter aber nach wie vor als altes **Hausmittel gegen Husten**.

Sie enthalten Ascorbinsäure (Vitamin C), Flavonoide (eine Gruppe sekundärer Pflanzenstoffe) und einen großen Anteil an Gerbstoffen, die für ihre zusammenziehende und austrocknende Wirkung bekannt sind.

Hustentee

Wasser erhitzen, bis es gerade zu kochen beginnt. Nun **einen Teelöffel Esskastanienblättertee** (aus der Apotheke) in einen Aufgussbeutel (**1 TL auf ca. 200 ml**) geben und mit dem Wasser übergießen. Ca. **10 Minuten** ziehen lassen. Mit **Honig** süßen. Drei Mal täglich eine Tasse trinken.

Tipp: Wenn man den Tee konzentrierter zubereitet, lässt er sich als Gurgellösung bei Halsentzündung einsetzen.

Als Hilfe beim Leistungstief während einer (längeren) Prüfung: Nehmen Sie sich als gesunden Snack ein paar Maroni mit. Sie sättigen, verleihen neue Energie und verhelfen der nachlassenden Konzentration zu neuer Höhe.

Gegen Cellulite und Co.: Viele Frauen kennen ihn, den Frust mit der Cellulite. Durch den hohen Anteil an Vitamin C und E sollen Maroni auch den ungeliebten kleinen Dellen in der Haut vorbeugen. Aber auch **Schwangerschaftsstreifen** lassen sich damit reduzieren.

Bei **Durchfall** schreibt man der Esskastanie eine stopfende Wirkung zu. Ganz allgemein tut sie dem Verdauungstrakt wegen ihrer vielen Ballaststoffe gut.

Mythologie und Symbolik

Es gibt in der Natur kaum eine Pflanze, um die sich nicht auch Sagen und Legenden ranken. Der Kastanienbaum bildet hier keine Ausnahme.

Der Baum der Nymphe Nea

Im antiken Griechenland galt die Esskastanie als die »Eichel des Zeus«, der Baum war ihm persönlich geweiht. Und dem Gottvater des antiken Panteons verdankt sie in gewisser Weise auch ihren Namen:

Man muss kein Fachmann in Sachen griechische Mythologie sein, um zu wissen, dass vor den Nachstellungen des obersten Olympiers, wie Zeus auch genannt wird, so gut wie keine Frau sicher gewesen ist. Eine von ihnen war die

Nymphe Nea aus dem Gefolge der für ihre Unberührbarkeit bekannten Göttin Diana. Wie die Herrin, so auch ihre Anhängerinnen. Lieber tot als eine von Zeus Gespielinnen zu werden, entschied Nea - und wählte den Freitod. Aus Trauer und Reue (die soll ja gelegentlich sogar Zeus erfasst haben) verwandelte der Göttervater ihren toten Körper in einen großen, anmutigen Baum und nannte ihn Castanea, was so viel bedeutet wie »die keusche Nea«. Die Früchte dieses Baumes hüllte Zeus in eine stachelige Schale, um sie vor unerlaubtem Zugriff zu schützen.

Zauberhaft schöne Esskastanie im Botanischen Garten Marburg

Der Baum der Keuschheit

Angesichts der fiesen Stacheln wundert es wenig, dass die Kastanie im Christentum lange als Symbol der Keuschheit und der unbefleckten Empfängnis Marias galt. Und da man den Kastanienbaum ungestraft auch sehr stark zurückschneiden darf und er dennoch immer neu austreibt, gilt er außerdem als Sinnbild der Auferstehung.

Der Baum der hundert Pferde

Ein besonders alter und großer Kastanienbaum findet sich auf Sizilien, östlich des Vulkans Ätna in der Nähe der Stadt Sant'Alfio. Dieser »Castagno dei Cento Cavalli« (der Kastanienbaum der hundert Pferde) wird das erste Mal im Jahr 1636 erwähnt, er soll bereits damals einen so großen Stamm gehabt haben, dass dort

30 Pferde in seinem Inneren Platz gefunden hätten. Im 18. Jahrhundert wird sogar von einer (damals schon verfallenen) Hütte im Inneren des Baumes berichtet.

Heute ist dieser Edelkastanienbaum 22 Meter hoch, der Stamm hat einen Umfang von 22 Metern. Immer wieder wird allerdings in der Wissenschaft diskutiert, ob es sich nicht eher um einen Baum mit drei Teilstämmen handelt. Sogar DNS-Proben wurden den drei Teilstämmen bereits entnommen. Sie sollen beweisen, dass es sich tatsächlich um einen einzigen Baum handelt, denn nur dann wäre er derjenige mit dem größten Umfang der Welt. Viel Klarheit bringen diese Studien aber nicht, denn das Ergebnis ist – umstritten.

Auch ein so imposantes Gebilde braucht natürlich seine eigene Legende. Und so soll einmal während des Gewitters

bei einer Treibjagd eine Königin samt Gefolge – hundert Reitern und Pferden (daher der Name des Baumes) – unter dem Baum Zuflucht gefunden und dort die Nacht mit einem, eher sogar mehreren ihrer Liebhaber verbracht haben. Um welche Königin es sich dabei handelt, ist unklar. Im Gespräch sind zwar drei, wenn überhaupt, dann kann es sich aber eigentlich nur um Johanna II. von Anjou (14./15. Jh.) handeln. Die beiden anderen waren nie auf Sizilien.

Seite 42/43: Gemälde vom »Baum der hundert Pferde«, Jean-Pierre Houël, um 1777

Bastelideen für's Haus

Sie suchen nach einer besonderen Dekorations-Idee für den Herbst? Dann hätten wir für Sie zwei Vorschläge.

Herbstliche Serviettenringe

- Kastanien
- Kupferdraht

Die Kastanien mithilfe eines Handbohrers durchstechen und dann der Reihe nach auf einen Draht ziehen. Den Draht zu einem Ring biegen und die Drahtenden am besten zwischen den Kastanien »verstecken«.

Türkranz

Wie wäre es mit einem Türkranz aus Kastanien? Dafür eignen sich Ross- genauso wie Esskastanien.

- 1 Kranzrohling
- Dschungelmoos (Internet oder Bastelgeschäft)
- Draht zum Wickeln
- Zahnstocher
- viele Kastanien oder andere Herbstfrüchte, Blätter u. ä.

Den Kranzrohling mit dem Dschungelmoos umwickeln und das Moos mit dem Draht befestigen. Nun die Kastanien einzeln auf Zahnstocher stecken und Stück für Stück auf dem Kranz befestigen, bis er komplett mit Kastanien bedeckt ist.

Alternativ kann man die Kastanien

auch mit einer Heißklebepistole auf dem Kranzrohling befestigen und mit weiteren herbstlichen Elementen schmücken.

Kastanienboote

- Zahnstocher
- passend geschnittenes Buntpapier
- Taschenmesser
- Kastanienhüllen

Spaziergänge rangieren auf der Beliebtheitsskala kleiner Kinder meist eher weiter unten. Diese kleinen Kastanienboote können sie sicher ein bisschen bei Laune halten. Und wenn Sie dann auch noch eine Pfütze finden, müssen Sie nicht einmal nach Hause gehen, um die Boote zu Wasser zu lassen.

Wenn Sie die Kastanien-Regatta schon zu Hause planen, sollten Sie am besten gleich die Zutaten dafür einpacken oder sammeln.

Denn unterwegs sollten Sie mit den Kindern Ausschau nach **leeren, halben Kastanienschalen** halten. Dann gemeinsam einen **kleinen Ast** (bzw. verwenden Sie den **Zahnstocher**) suchen. Den Ast als späteren Schiffsmast spitzen Sie an der einen Seite mit dem Messer zu. Auf den »Mast« wird **ein kleines Blatt** (oder das mitgebrachte **Papier**) gesteckt. Mast und Papier kommen nun in die hohle Kastanienschale. Fertig ist das Boot! Je mehr Schiffchen dieser Art Sie basteln, umso aufregender wird die Pfützen-Regatta.

Viel Freude bereitet Kindern auch das Basteln von Kastanienmännchen oder -tieren.

Kastanienmännchen mit Gruselfaktor

In dem Krimi »Der Kastanienmann« von Sören Sveistrup treibt ein Serienmörder sein Unwesen in Kopenhagen. Und er deponiert neben jeder Leiche ein Kastanienmännchen – eine verschlüsselte Botschaft ... In dem packenden Thriller übernimmt die hübsche Kastanie die Rolle eines unheimlichen Requisits.

Maroni in der Küche

Kommen wir nun zur Verwendung der Maroni als kulinarische Köstlichkeiten. Ob für Brote, süße Aufstriche, ob als Beilage zu Fleischgerichten oder als Grundlage süßer Desserts – Maroni sind vielseitig einsetzbar. Die kleinen Früchte, die früher einmal als Armenkost galten, veredeln heute jedes Gericht.

Wenn Sie sich sicher sind, dass Sie Esskastanien und Rosskastanien souverän voneinander unterscheiden können, dann spricht nichts dagegen, sich draußen in der Natur (gratis) zu bedienen.

Ansonsten können Sie im Herbst rohe Esskastanien im Supermarkt kaufen, essfertig vorgegarte bekommen Sie teilweise sogar ganzjährig zu kaufen.

Nützliches Wissen

Erntezeit

Beziehungsweise eher: die Sammelzeit für Esskastanien ist Ende September / Anfang Oktober.

Lagerung

Frisch gesammelte Esskastanien können Sie ungefähr einen Monat lagern. Dafür geben Sie die gesammelten Früchte am besten in eine Plastiktüte, in die Sie kleine Luftlöcher stechen. Bewahren Sie die Kastanien im Kühlschrank auf. Bei Zimmertemperatur fangen sie nach ungefähr einer Woche an auszukeimen.

Zubereitung

Maroni und Esskastanien können sowohl roh (wenig bekömmlich, aber nicht gefährlich) als auch geröstet oder gekocht gegessen werden. Im Supermarkt sind sie oft schon in vorgekochter, verzehrfertiger Form zu kaufen.

Tipp: Um gute von schlechten Maroni zu trennen, legt man die rohen Früchte einfach ins Wasser. Die wurmstichigen Exemplare schwimmen oben und sollten logischerweise aussortiert werden.

Einfrieren

Wenn Sie die frischen Maroni einfrieren möchten, ritzen Sie an der gewölbten Seite ein kleines Kreuz in die einzelnen Früchte und geben Sie sie anschließend in einen luftdicht abgeschlossenen Behälter. Tiefgefroren können Sie die Maroni bis zu einem halben Jahr aufbewahren.

Eine Alternative besteht darin, dass Sie die Maroni zuerst blanchieren. Auch dafür müssen Sie sie zuerst einritzen. Geben Sie sie nun ca. 20 Minuten in kochendes Wasser. Entfernen Sie anschließend die Schale, achten Sie auch darauf, die braune Haut abzulösen, sie schmeckt sehr bitter. Breiten Sie die Maroni nun auf einem Gitterrost aus und lassen Sie sie abkühlen. Anschließend können Sie sie portionsweise in kleinen Gefrierbeuteln einfrieren.

Rezepte

Wenn Sie sich durch die nachfolgende Sammlung blättern, könnten Sie schnell auf die Idee kommen, ein ganzes Menü nur aus Maroni-Rezepten zusammenzustellen: Zum Auftakt eine kleine Scheibe Maronibrot mit Butter, dann die klassische Maronisuppe, anschließend Rinderfilet mit Maroni und zum Schluss noch ein Tellerchen Maronireis.

Machbar wäre das schon. Aber unwahrscheinlich, dass Ihre Gäste so ein Menü durchhalten. Denn Maroni sind sehr sättigend.

Deshalb unser *Tipp*: Wählen Sie für ein Menü höchstens zwei Gerichte aus, die Sie mit Maroni zubereiten. Zum Beispiel die Suppe und das Dessert. Oder nur das Hauptgericht. Und laden Sie lieber in der kommenden Woche wieder zu sich zum Essen ein. Dieses Mal kommen dann andere Gerichte auf den Tisch.

Basiszubereitung

Wie bereits erklärt, können Sie Esskastanien auch im Rohzustand essen. Sie sind aber nicht besonders gut verdaulich. Wenn man sie jedoch vor dem Verzehr röstet oder gart, werden sie sehr bekömmlich und sind auch noch gesund. Wie das funktioniert, erklären wir Ihnen im Folgenden.

Geröstete Maroni

Für 4 Personen

300 g Maroni

• • • Den Ofen auf 200 °C vorheizen (Ober- und Unterhitze).

Den Pinsel der Maroni abschneiden, anschließend die Früchte waschen, abtrocknen und auf einem mit Backpapier ausgelegten Backblech verteilen.

Nun Stück für Stück auf der oberen Seite mit einem scharfen Messer ca. 1 cm kreuzweise einritzen. Es ist wichtig, dass die harte Schale dabei tatsächlich komplett durchtrennt wird. Sollten Sie auf diese Weise auch das Fruchtfleisch erwischen, macht das überhaupt nichts.

Tipp Nr. 1: Um zu verhindern, dass nicht Ihr Finger, sondern wirklich die Maroni eingeritzt werden, verwenden Sie am besten eine Maronizange zum Fixieren der Früchte. Man kann mit dem Messer leicht abrutschen!

Wenn der Ofen die volle Hitze erreicht hat, die Maroni 25 Minuten backen, dabei immer wieder den Ofen öffnen und die Maroni ein bisschen auf dem Blech »durchschütteln«. Man erkennt fertig geröstete Maroni daran, dass sich die Schalen an den Einkerbungen leicht öffnen.

Tipp Nr. 2: Stellen Sie am besten eine feuerfeste Schale mit Wasser in den Ofen. Damit verhindern Sie, dass die Maroni zu trocken werden. Außerdem lassen sie sich auf diese Weise anschließend besser schälen.

Noch heiß servieren. Die Schale entfernt man bei gerösteten Maroni normalerweise direkt beim Essen.

Gekochte Maroni

Menge nach Belieben bzw. nach Rezept

• • • Auch hier die Maroni vorher einritzen (siehe dazu die Tipps Seite 63/64). Im Anschluss die Maroni in leicht gesalzenem Wasser ca. 20 Minuten kochen. Wenn sich die Schalen an den Einritzungen leicht öffnen, sind die Maroni fertig. Für die weitere Verarbeitung die Schale entfernen. Dabei darauf achten, auch die braune Haut abzulösen, denn sie schmeckt bitter.

Zum Frühstück oder Abendbrot

Auch heute noch lässt sich aus Maroni das »Brot der Armen« backen, nur dass es heute nicht als Notration gilt, sondern als Delikatesse. Wir zeigen Ihnen hier einige Möglichkeiten, wie Sie die Maroni zum Frühstück oder auch als warmes Abendbrot einsetzen können.

Kastanienbrot

300 g vorgegarte Maroni
1 EL Speiseöl
200 g Dinkelmehl Type 630
250 g Roggenmehl Type 1150
2 TL Salz
1 Pck. Trockenhefe
3 EL Honig

••• 150 g Esskastanien mit dem Öl in einem hohen Gefäß mit dem Stabmixer pürieren. Die restlichen Kastanien grob hacken und beiseitestellen.

Die beiden Mehlsorten mit Salz und Hefe in einer Schüssel gut vermengen. Den Honig mit 250 ml lauwarmem Wasser zufügen und gut unterrühren. Zuletzt das Maronimus zufügen und alles mit dem Knethaken ca. 5 Minuten zu einem glatten Teig verarbeiten. Sollte die Masse am Knethaken festkleben, am besten mit den Händen weiterarbeiten. Den Teig zugedeckt an einem warmen Ort 1 Stunde gehen lassen.

Anschließend auf einer leicht bemehlten Arbeitsfläche noch einmal kneten und dabei noch die gehackten Maroni einarbeiten. Den Teig zu einem runden Brotlaib geformt auf ein mit Backpapier ausgelegtes Blech legen und weitere 1½ Stunden ruhen lassen.

Den Ofen auf 230 °C (Umluft: 210 °C) vorheizen. Das Brot mit Wasser besprühen und anschließend etwas Mehl darüber sieben. Dann so einritzen, dass sich acht »Tortenstücke« erkennen lassen.

Nun eine Schüssel mit Wasser auf den Boden des Backofens stellen, das Blech in den Ofen geben und 10 Minuten »vorbacken«. Danach die Temperatur auf 200 °C (Umluft: 180 °C) reduzieren und das Brot in 35 Minuten fertigbacken. Es soll eher dunkel aussehen. Anschließend abkühlen lassen.

Kastanienbrötchen

Für 8 Personen bzw. 10 bis 15 Brötchen

450 g Dinkelmehl (oder eine andere Sorte)
100 g Kastanienmehl (Drogerie oder online-Handel)
15 g Salz • 25 g frische Hefe

••• Die beiden Mehle und das Salz vermischen. Die Hefe in 320 ml lauwarmem Wasser (Achtung: Das Wasser darf nicht heiß werden!) auflösen und langsam das Mehl einrühren. Dafür zunächst mit einem Rührstab, später, wenn der Teig immer zäher wird, mit dem Knethaken arbeiten.

Am besten das Mehl portionsweise dazugeben, sonst staubt es beim Mixen! 5 Minuten kneten und anschließend an einem warmen Ort zugedeckt 1 Stunde gehen lassen.

Das Teigvolumen sollte sich verdoppeln. Nun den Teig auf einer bemehlten Fläche noch einmal kneten und anschließend in 10 bis 15 gleich große Stücke teilen und zu Kugeln geformt, mit etwas Abstand voneinander, auf ein mit Backpapier ausgelegtes Backblech legen. Die Brötchen leicht mit Mehl bestäuben und noch einmal 10 Minuten ruhen lassen. Das Blech auf der mittleren Schiene in den Ofen geben und auf den Boden des Ofens eine hitzefeste Schüssel mit Wasser stellen.

Wenn die Brötchen leicht zu bräunen anfangen (nach ca. 7 Minuten), die Ofentür einmal kurz öffnen, wieder schließen und 10 Minuten zu Ende backen.

Tipp: Wer mag bestreut die Brötchen vor dem Backen mit Hagelsalz.

Würziger Kastanien-Hummus

125 g weiße Bohnen
125 g vorgegarte Kastanien
1 EL Tahini-Paste
1–2 Knoblauchzehen
2–3 EL Zitronensaft
½ TL Cumin (Kreuzkümmel)
3–4 EL Olivenöl • Salz • Pfeffer

• • • Alle Zutaten in ein hohes Gefäß geben und mit dem Stabmixer pürieren, bis die Paste eine cremige Konsistenz hat.

Schmeckt als Brotaufstrich wie auch als Dip zu Gemüsestangen.

Tipp: Sie können die weißen Bohnen auch durch Kichererbsen ersetzen oder nur Kastanien (in dem Fall 250 g) verwenden.

Maroni-Konfitüre

Für 5 bis 6 Gläser à 250 ml

1 Zitrone (Saft und Zesten)
1 cm Ingwerwurzel
1 kg vorgegarte Maronen
500 g Gelierzucker 2:1

••• Die Zitrone heiß abwaschen, mit einem Hobel die Schale in Streifen reißen und den Zitronensaft auspressen. Den Ingwer schälen und in kleine Stücke würfeln.

Die Maroni mit ca. 800 ml Wasser, dem Zitronensaft, der Zitronenschale und den Ingwerwürfeln aufkochen und 4 Minuten kochen lassen. Dann alles mit dem Stabmixer pürieren und die Masse mit dem Gelierzucker aufkochen.

Die Marmeladengläser (am besten eignen sich Twist-off-Gläser) heiß auswaschen und die noch heiße Marmelade einfüllen, verschließen. Die Gläser ca. 5 Minuten auf dem Deckel stehend auskühlen lassen.

Süßer Maroni-Aufstrich

240 g vorgegarte Maroni (bei eigener Zubereitung benötigt man 300 g Maroni mit Schale)
2 EL Butter
2 EL Honig
2 EL Sahne
flüssiger Vanille-Extrakt nach Geschmack
Salz

• • • Zum Kochen frischer Maroni siehe die Beschreibung Seite 66.

Die gegarten Maroni zusammen mit der Butter, dem Honig und der Sahne in ein hohes Gefäß geben und zu einer Creme pürieren. Anschließend großzügig mit dem Vanille-Extrakt und mit Salz abschmecken.

In einem Glas hält sich die Creme im Kühlschrank ungefähr eine Woche.

Vegane Alternative: Ersetzen Sie die Butter und die Sahne durch ein Nussmus (beispielsweise aus Cashewnüssen), statt des Honigs lässt sich Agavendicksaft verwenden. Sollte die Creme noch zu fest sein, einfach mit etwas Pflanzenmilch verdünnen.

crema
di
marroni

Die folgenden Suppen-Klassiker empfehlen sich als leckere Vorspeise oder warmes Abendbrot. Von der Maroni-(Creme) Suppe gibt es unzählige Varianten.

Maroni-Cremesuppe

Für 6 Personen

1 Zwiebel • 40 g Butter
1 Prise Zucker • 250 ml Weißwein
ca. 350 g vorgegarte Maroni
750 ml klare Gemüsebrühe
125 ml Sahne • ½ TL Salz
1 Msp. Pfeffer • 1 Prise Muskatnuss

• • • Die Zwiebel schälen, fein hacken und mit der Butter und Zucker in einem Topf anschwitzen. Anschließend mit dem Wein ablöschen und etwas einkochen lassen.

Nun die Maroni dazugeben, kurz mitkochen und dann mit der Brühe auffüllen. Alles 30 Minuten köcheln lassen, dann mit dem Stabmixer pürieren. Die Sahne unter die Suppe rühren, mit den Gewürzen abschmecken. Baguette dazu reichen.

Steinpilz-Maroni-Suppe

Für 4 Personen

1 Zwiebel • 1 Knoblauchzehe
300 g frische Steinpilze
200 g vorgegarte Maroni • 30 g Butter
etwas Portwein • 750 ml Gemüsebrühe
200 ml Sahne • Salz
Pfeffer • etwas frische Petersilie

• • • Zwiebel und Knoblauch schälen und in kleine Würfel schneiden. Die Steinpilze putzen und in Blättchen schneiden. Maroni hacken und beiseitestellen.

Die Butter in einem Topf zerlassen und die Zwiebel- und Knoblauchwürfel darin anbraten. Die Steinpilze dazugeben und alles auf hoher Stufe ca. 4 Minuten rösten. Ein paar Steinpilze herausnehmen und zur Seite legen.

Jetzt die gehackten Maroni dazugeben und kurz mitrösten. Mit dem Portwein ablöschen, mit der Brühe aufgießen und 20 Minuten köcheln lassen. Die Suppe mit dem Stabmixer pürieren, die Sahne unterrühren und mit Salz und Pfeffer abschmecken. Zum Servieren mit Petersilie und den zur Seite gelegten restlichen Steinpilzen dekorieren.

Tipp: Diese typische Herbstsuppe schmeckt auch mit anderen Waldpilzen.

Maroni als Beilage oder Hauptgericht

Vor allem zu Wild, aber auch zu Gemüse eignen sich Maroni als köstliche Beilage. In einigen Gerichten werden sie aber auch direkt mit den anderen Zutaten vermengt. Und so verleihen Maroni jedem Hauptgericht eine wunderbare, herbstliche Note.

Würziges Maroni-Püree

150 ml Schlagsahne
1 EL Butter • 1 EL Zucker
500 g vorgegarte Maroni
100 ml Milch
125 ml klare Gemüsebrühe
20 ml Cognac
1 Prise Salz
etwas Zitronensaft

• • • Die Sahne schlagen und beiseitestellen. Die Butter und den Zucker in einem Topf erwärmen, die Maroni dazugeben und unter Rühren die Maroni karamellisieren. Nun die Milch und die Gemüsebrühe dazugeben, alles einmal aufkochen und anschließend auf kleiner Stufe ca. 20 Minuten weiterkochen. Alles mit einem Stabmixer pürieren. Wenn das Püree noch feiner werden soll, streicht man es nach dem Pürieren noch durch ein Sieb. Dann den Cognac unterrühren, alles mit Salz und Zitronensaft abschmecken. Zum Schluss die geschlagene Sahne vorsichtig unterrühren.

Das Püree passt als Beilage gut zu Wildgerichten.

Glasierte Maroni

Für 4 Personen

50 g Zucker
400 g vorgegarte Maroni • Butter

••• In einer trockenen Pfanne den Zucker langsam schmelzen, bis er eine goldgelbe Farbe annimmt. Mit 60 ml Wasser aufgießen, aber nicht umrühren, sondern die Masse einkochen lassen.

Nun die Maroni dazugeben, gut durchschwenken, damit alle Maroni mit der Zuckermasse bedeckt sind. Alles kurz erwärmen und ein größeres Stück kalte Butter dazugeben.

Die Maroni so lange auf mittlerer Flamme einkochen lassen (= glasieren), bis nur

Glasierte Maroni als Beilage zu Wachteln

noch 2 bis 3 EL von der Flüssigkeit übrig sind. Aus der Pfanne nehmen und zum restlichen Gericht servieren.

Maroni im Speckmantel

Für 4 Personen

ca. 400 g vorgegarte Maroni
250 g Speck in dünnen Scheiben
(Zahnstocher zum Fixieren)

• • • Die Maroni jeweils mit einem dünnen Streifen Speck umwickeln und mit einem Zahnstocher fixieren. Nun die Maroni in einer Pfanne von allen Seiten anbraten. Servieren.

Die so zubereiteten Maroni eignen sich als Beilage zu Gemüse, aber ebenso als Vorspeise oder als Snack.

Bandnudeln mit Maroni

Für 4 Personen

400 g vorgegarte Maroni
2 Schalotten
400 ml Gemüsebrühe (Instant)
2–3 EL Honig
½–1 EL Butter
300 g Doppelrahm-Frischkäse
4–6 TL Sahne-Meerrettich (im Glas)
500 g Bandnudeln
etwas Zitronensaft

••• Die Maroni und Schalotten klein schneiden. Die Brühe vorbereiten. Nun die Maroni zusammen mit den Schalotten 5 bis 7 Minuten in der Butter glasig dünsten. Dann mit dem Honig beträufeln und auf diese Weise etwas karamellisieren. Den Frischkäse und den Sahne-Meerrettich in die heiße Brühe rühren. Mit Salz, Pfeffer und etwas Zitronensaft abschmecken.

Den Großteil des Brühe-Frischkäse-Gemischs zu den Maroni in die Pfanne geben und warm stellen. Sollte die Soße zu stark eindicken, mit der restlichen Brühe aufgießen. Die Bandnudeln nach Packungsanweisung kochen und schließlich unter die Maroni-Mischung in der Pfanne rühren.

Tipp: Es ist wichtig, dass die Soße zunächst nicht allzu dickflüssig wird. Denn mit den zugefügten Bandnudeln wird das Ganze sonst später schnell zu einer klebrigen Masse. Lieber die Soße zunächst so zubereiten, dass sie etwas zu flüssig erscheint, und bei Bedarf zusammen mit den fertigen Nudeln bis zur gewünschten Konsistenz einkochen.

Buntes Gemüse mit Maroni

Für 6 Personen

500 g Rosenkohl • 300 g grüne Bohnen
1 Romanesco (etwa 800 g) • 3 Möhren
3 Pastinaken • 1–2 Zweige Rosmarin
1 Bund Schnittlauch
100 g gegarte Maronen (vakuumverpackt)
2 EL Öl • 100 g Schinkenwürfel
4 EL Butter • 3 EL Semmelbrösel
2–3 EL Honig je nach Geschmack
2 EL heller Balsamico-Essig
Salz • Pfeffer

• • • Das Gemüse und die Kräuter, je nach Sorte, putzen oder schälen, waschen und abtropfen lassen. Den Romanesco in Röschen vom Strunk schneiden, die Möhren und die Pastinaken in Scheiben schneiden.

Reichlich Salzwasser kochen und zuerst Bohnen und Rosenkohl darin zugedeckt etwa 5 Minuten garen. Nun den Romanesco, die Möhren und die Pastinaken zufügen und alles weitere 6 bis 8 Minuten zugedeckt köcheln lassen.

Die Maroni grob hacken. Anschließend Öl in einer Pfanne erhitzen und die Schinkenwürfel darin knusprig anbraten. Maronen und Semmelbrösel zufügen und kurz mitrösten.

Das Gemüse abgießen und abtropfen lassen. Die Butter in einem großen Bräter erhitzen. Gemüse und Rosmarin darin unter Wenden leicht anbraten. Nun den Honig und den Balsamico-Essig zufügen. Das Gemüse im Sud schwenken, mit Salz und Pfeffer abschmecken und zusammen mit den Schinken-Maroni-Bröseln anrichten.

Kartoffel-Maroni-Pfanne

Für 4 Personen

600 g kleine festkochende Kartoffeln
2 mittelgroße Zwiebeln
3 EL Butter oder Öl • 1 TL Kümmel
400 g gegarte Maroni (ohne Schale, vakuumverpackt)
2 Rosmarinzweige
1 TL Zucker
Salz • Pfeffer
2 EL gehackte Petersilie

••• Die gewaschenen Kartoffeln in Salzwasser garen, danach auskühlen lassen und pellen. Je nach Größe die Kartoffeln halbieren oder vierteln. Danach die gepellten Zwiebeln fein würfeln. Maroni aus der Verpackung nehmen und abtropfen lassen.

Die Kartoffeln im erhitzten Fett in einer Pfanne goldbraun braten. Zwiebeln und Maroni dazugeben. Alles 5 Minuten braten, dabei ab und zu wenden. Nun mit den abgezupften Rosmarinnadeln, Kümmel und Zucker bestreuen. Das Ganze noch kurz weiter braten. Zuletzt mit Salz und Pfeffer abschmecken. Mit Petersilie bestreut zu einem frischen Salat servieren.

Hähnchenbrust mit Maroni-Füllung

Für 4 Personen

Für Fleisch und Füllung:

120 g Weißbrot ohne Rinde
1 Schalotte
40 g Butter
2 Eier
4 EL feine Tomatenwürfel
gehackte Petersilie
Salz
Pfeffer aus der Mühle
Muskat
4 vorgegarte Maroni
4 große Wirsingblätter
4 Hähnchenbrustfilets
80 g Schlagsahne
2 EL Öl

Für das Wirsinggemüse:
400 g zarte Wirsingblätter
2 Tomaten
200 g Pilze (z. B. kleine Austernpilze)
3 EL Butter
150 g Sahne
Salz
Pfeffer aus der Mühle

••• Das Weißbrot in kleine Würfel schneiden. Nun die Schalotte schälen, hacken und in 30 g Butter glasig schwitzen. Mit den Eiern verquirlen und die Masse mit Schalotte, Tomatenwürfeln und Petersilie unter das Brot mischen. Mit Salz, Pfeffer und Muskat würzen. Nun die Maroni klein schneiden und zur Brotmasse geben. Den Backofen auf 180 °C Ober- und Unterhitze vorheizen.

Die Wirsingblätter in kochendem Salzwasser 2 bis 3 Minuten blanchieren, herausnehmen und eiskalt abschrecken. Trocken tupfen. Vom Wirsing dicke Blattrippen flach schneiden. Die Hähnchenbrustfilets der Länge nach einschneiden, auseinanderklappen, leicht klopfen und auf je ein Wirsingblatt legen. Die Maroni-Füllung darauf verteilen, die Filets aufrollen und mit Küchengarn zubinden. Dann alles in heißem Öl rundum scharf anbraten und anschließend im vorgeheizten Backofen etwa 10 bis 15 Minuten fertigbacken.

Für das Gemüse die zarten Wirsingblätter 2 bis 3 Minuten in kochendem Salzwasser blanchieren, herausnehmen und mit eiskaltem Wasser abschrecken. Den Wirsing in Streifen schneiden.

Die Tomaten häuten, entkernen und in Spalten schneiden. Die Pilze putzen.

Wirsing in 2 EL heißer Butter andünsten. Die Sahne angießen, mit Salz und Pfeffer würzen und alles noch etwa 10 Minuten köcheln lassen. In der restlichen Butter die Pilze und Tomaten etwa 2 Minuten bei mittlerer Hitze anbraten und mit Salz und Pfeffer würzen.

Zum Servieren den Wirsing auf die Teller geben und die gefüllten Filets darauf anrichten. Mit Pilzen und Tomaten garnieren.

Rinderfilet mit Rotweinsauce

Für 4 Personen

2 Zwiebeln • Butter oder Öl
2 Pck. Jägersauce (Granulat)
300 ml Rotwein
300 g vorgegarte Maronen
4 Rinderfilets
Zucker
Crema di Balsamico
Salz • Pfeffer

••• Den Ofen auf 180 °C Ober- und Unterhitze vorheizen. Die Zwiebeln schälen, fein würfeln und in etwas Öl glasig dünsten. Inzwischen die Jägersauce nach Packungsanleitung kochen. Bei reduzierter Temperatur die Hälfte des Rotweins und die Zwiebeln zur Sauce geben und alles ca. 5 Minuten köcheln lassen.

Die Maroni in kleine Stücke schneiden. Das Fett in einer Pfanne bei hoher Temperatur erhitzen und die Filets darin von jeder Seite 2 Minuten scharf anbraten. Herausnehmen und ca. 10 Minuten im vorgeheizten Herd backen. Richten Sie sich bei der Backzeit danach, wie stark durchgebraten Sie Ihr Fleisch mögen.

Nun in derselben Pfanne die Maroni in Butter anbraten. Mit Zucker überstreuen und rund eine Minute unter ständigem Umrühren weiter braten, dann von der Herdplatte nehmen.

Den übrigen Rotwein zur Sauce geben, mit Crema di Balsamico, Salz und Pfeffer abschmecken. Anschließend die Sauce noch einmal köcheln lassen. Die Maroni auf das Rinderfilet geben und die Sauce darum herum träufeln. Dazu passen Salzkartoffeln, Kartoffelkroketten oder -püree.

Süßspeisen & Kuchen

Auch die Rezeptauswahl für die Naschkatzen fiel zugegebenermaßen schwer. Denn aus den braunen Herbstfrüchten lassen sich wunderbare Cremes und leckeres Gebäck in allen Varianten zaubern. Wir haben bei der Zusammenstellung versucht, eine möglichst breite Palette an Möglichkeiten zu präsentieren. Aber auch hier »Vorsicht«: Diese Süßigkeiten sind mindestens so herrlich wie mächtig!

Vermicelles

Für 4 Personen

150 g gegarte Maroni
100 ml Milch
30 g Puderzucker
100 g Sahne
2 TL Zucker
150 g Vanilleeis
Puderzucker zum Bestäuben

• • • Die grob gehackten Maroni mit Milch aufkochen. Anschließend bei kleiner Hitze 10 Minuten köcheln, so dass die Masse etwas eindickt. Dann mit dem Stabmixer pürieren. Puderzucker sieben und nach und nach unter das Maroni-Püree rühren. Kühl stellen.

Die Sahne mit dem Zucker steif schlagen. Die kalte Maronenmasse durch eine

Kartoffelpresse drücken, damit die Vermicelli (spaghettiähnliche Nudeln) entstehen. Auf Desserttellern oder in kleinen Portionsschälchen je ein Drittel Vanilleeis, Sahne und Maronispaghetti anrichten. Mit Puderzucker bestäuben.

Das ist ein typisches Maroni-Dessert aus der Schweiz. Edel und – sehr, sehr süß.

Tipp: Wer mag, kann das Dessert zusätzlich noch mit einigen Amarenakirschen dekorieren und vorsichtig mit ein wenig Amarenasud aus dem Glas beträufeln.

Kastanienreis

Ein absoluter Klassiker in Österreich ist der sogenannte Kastanienreis.

200 g Zucker
250 ml Sahne
40 ml Rum
800 g vorgegarte Maroni
evtl. ein paar Erdbeeren (frisch oder TK)

• • • Zucker mit 125 ml Wasser aufkochen, bis die Masse zu einem dicklichen Sirup wird. Dann die Sahne und den Rum einrühren. Nun die Maroni dazugeben und diese Masse fein pürieren.

Die Kastanienmasse in ein frostfestes Gefäß füllen und mindestens 5 bis 6 Stunden im Gefrierschrank durchfrieren lassen.

Etwa 10 Minuten vor dem Servieren die gefrorene Masse herausnehmen, das Gefäß kurz in heißes Wasser tauchen und das Kastanieneis herauslösen. Dann auf einer scharfen Reibe zu feinen Reiskörnern direkt auf Portionsteller reiben und sofort servieren.

Den fertigen »Reis« auf Teller füllen, geschlagene Sahne dazugeben und eventuell mit ein paar Erdbeeren garnieren.

Kastaniencreme

Für 4 kleine Gläser á 150 ml

Für die Creme:

½ Vanilleschote
150 ml Milch
2 Prisen gemahlener Zimt
50 g Zucker
200 g vorgegarte Maronen (vakuumiert)
je 1 EL kalte Butter und 1 EL Kakaopulver
4 EL Knuspermüsli oder gehackte Nüsse
250 ml Sahne

Für die Deko:

Schokoraspel
gehackte Nüsse
Beeren

• • • Für die Creme Vanillemark aus der Schote kratzen. Mark und Schote mit der

Milch in einen Topf geben. Zimt und Zucker zugeben. Grob gehackte Maronen zufügen. Milch zum Kochen bringen und alles ca. 5 Minuten köcheln. Vanilleschote entfernen. Maroni-Mix mit einem Pürierstab fein pürieren. In eine Schüssel umfüllen, Butter und Kakao zugeben und verrühren. 30 Minuten ruhen lassen.

Müsli oder Nüsse auf vier Gläser verteilen. 150 ml Schlagsahne steif schlagen und unter die erkaltete Creme heben. Gleichmäßig auf die Nuss- oder Müslischicht verteilen. Die Dessert-Creme mindestens 30 Minuten kühl stellen.

Übrige Sahne steif schlagen. In einen Spritzbeutel mit Sterntülle füllen und je einen Tuff in jedes Glas spritzen. Mit Schokoraspel, frischen Beeren oder Nüssen garnieren.

Süße Krapfen

Für 20 Stück

Für den Teig:

500 ml Milch • 50 g Frischhefe
200 g Zucker • 100 g Butter
6 Eigelb • 20 g Salz
2 Pck. Vanillezucker
½ Glas Rum oder Schnaps
1 TL abgeriebene Zitronenschale
1 kg Weizenmehl

Für die Füllung:

300 g essfertige Maroni (Supermarkt)
300 ml Milch • 100 ml Sahne
80 g Zucker • 1 Prise Salz • 2 EL Rum

••• Für den Teig in der lauwarmen Milch (sie darf auf gar keinen Fall zu heiß sein, das zerstört die Hefe!) die Hefe auflösen.

Dann die übrigen Zutaten außer Mehl mit der Hefemilch gut verquirlen. Zum Schluss das Mehl nach und nach unterrühren. Der Teig sollte eine mittelfeste Konsistenz bekommen.

Für die Füllung die Maroni mit Milch, Sahne, Zucker und etwas Salz ca. 30 Minuten kochen. Anschließend pürieren und die Masse mit dem Rum abschmecken.

Nun den Teig ca. 1 cm dick ausrollen und mit einer Plätzchenform oder einem Glas ca. 20 Kreise ausstechen. Auf jeden der Kreise etwas Kastanienfülle geben und den Kreis zu einem Halbmond klappen. Die Ränder mit einer Gabel fest andrücken.

Die noch rohen Krapfen 20 Minuten gehen lassen. Anschließend in 180 °C heißem Öl pro Seite 4 Minuten backen und auf den Tellern anrichten. Mit Puderzucker bestreuen.

Maroni-Kuchen

Für eine Springform mit 26 cm Ø

Für den Teig:

6 Eier
320 g weiche Butter
220 g Puderzucker
1 ½ EL Kakaopulver
1 Pck. Vanillezucker
320 g gemahlene Mandeln

Für das Maroni-Püree:

400 g gegarte Maroni
80 g Puderzucker
2 TL Kirschwasser

• • • Den Ofen auf 180 °C Ober- und Unterhitze vorheizen. Für das Püree die Maroni mit Puderzucker, 80 ml Wasser und Kirschwasser pürieren.

Für den Teig die Eier trennen. Das Eiweiß zu einer festen Masse schlagen. Die Eigelbe mit den übrigen Teigzutaten in einer Schüssel schaumig mixen. Nun abwechselnd portionsweise den Eischnee und das Maroni-Püree vorsichtig unter den Teig rühren.

Eine Springform einfetten und mit Mehl bestäuben. Den Teig in die Form geben und im vorgeheizten Ofen 60 bis 70 Minuten backen. In der Form auskühlen lassen und anschließend mit Puderzucker bestreuen. Dazu passt geschlagene Sahne.

Kastanienkuchen aus der Toskana

Für eine Springform mit 26 cm Ø

350 g Kastanienmehl
1 EL Rohrzucker
3 EL Olivenöl (1 EL zum Einfetten der Form, 2 EL für den Teig)
1 Prise Salz
100 g Rosinen
100 g Pinienkerne (oder je 50 g Pinienkerne und gehackte Walnüsse)
1 kleiner Rosmarinzweig

••• Den Backofen auf 230 °C (Ober- / Unterhitze) vorheizen. Die Form mit 1 EL Öl auspinseln und beiseitestellen.

Das Mehl mit Zucker gemischt in eine Schüssel sieben. Mit dem Schneebesen Salz, 2 EL Öl und nach und nach 450 ml lauwarmes Wasser untermengen. Alles zu einem klümpchenfreien, glatten und cremigen Teig verarbeiten. Die Rosinen und 80 g Pinienkerne / Nüsse unter den Teig heben.

Den Teig in die vorbereitete Form füllen und gleichmäßig mit den restlichen Nüssen und abgezupften Rosmarinnadeln bestreuen.

Ofenwärme auf 180 °C reduzieren und den Kuchen ca. 30 Minuten im Ofen backen. Sobald die typischen Risse auf der Oberfläche entstehen, sollte der Kuchen fertig sein. Den Kuchen lauwarm servieren.

Rezeptverzeichnis

Bildnachweis

Titelfoto: Colourbox.de

Innenfotos: Seite 2: Irina Drndarski, Unsplash.com; Seite 9, 11, 13, 22/23, 52/53, 58/59: Pixabay.com; Seite 18/19, 27, 29, 33, 35, 55, 65, 67, 69, 73, 79, 81, 84/85, 91, 97, 115, 125: Colourbox.de; Seite 39: Willow (CC-BY-SA 3.0 nicht portiert); Seite 42/42: Gemälde von Jean Pierre-Louis-Laurent Houël, um 1777; Seite 48/49: Rades, Shutterstock com; Seite 88/89: Foodpictures, Shutterstock.com; Seite 103: Magdanatka, Shutterstock.com; Seite 109: Christine Zenino (CC-BY-SA 2.0 generisch); Seite 113: Focus and Blur, Shutterstock.com; Seite 119: Andreas Osterstatt, Kamp; Seite 121: Henry Be, Unsplash.com;

Illustrationen: Christiane Dunkel-Koberg, Lübeck